AF467073

Conserver la couverture

DEPOT LEGAL
N° 2
1901

Henri WELSCHINGER

METZ ET PARIS

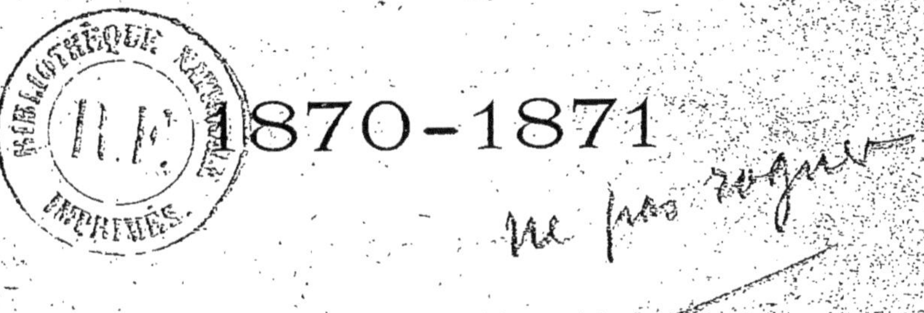

1870-1871

ne pas rogner

LA CHAPELLE-MONTLIGEON
IMPRIMERIE DE NOTRE-DAME DE MONTLIGEON

1901

Lh5 1569

L5h 1569

Extrait de « LA QUINZAINE » du 16 Janvier 1901.

METZ ET PARIS

La lecture attentive du second volume de la Correspondance militaire du maréchal de Moltke (1) m'a permis de découvrir des détails nouveaux et du plus haut intérêt sur les sièges de Metz et de Paris. La résistance prolongée de la capitale, les efforts inattendus des armées de province étonnèrent et inquiétèrent le grand État-major allemand. Au milieu des tristesses que renouvelle fatalement l'étude des événements de la dernière guerre, il y a une réelle satisfaction à le constater. Enfin, les difficultés qui surgissaient à tout moment entre le pouvoir civil et le pouvoir militaire allemands, les craintes de l'intervention possible des Neutres et de l'amoindrissement des succès obtenus méritent d'être signalés C'est ce que je veux faire ressortir clairement dans cette étude à l'aide de la Correspondance du maréchal de Moltke et d'autres documents importants.

Le général-major de Stiehle, qui commandait l'armée d'investissement de Metz, avait fait connaître au maréchal Bazaine la Révolution du 4 septembre, espérant l'amener à des pourparlers. La conduite du commandant en chef dans cette affaire reçut la pleine approbation du roi de Prusse qui, après la capitulation de Sedan, souhaitait celle de Metz par tous les moyens. La résistance de Paris le surprenait. Pour en détruire l'effet, Moltke informait Stiehle que les nouvelles venues de la capitale y indiquaient le désordre absolu, le départ des gens riches et raisonnables, l'indiscipline parmi les troupes et leur refus d'obéissance au gouvernement républicain. « Dans ces circonstances, disait-il, il est douteux qu'on en vienne à une lutte sérieuse. » Cependant, le maréchal de Moltke croyait pouvoir dire que l'attaque de Paris commencerait du 25 au 30 courant et que pour lui

(1) Librairie Lavauzelle, un fort volume in-8°; 1900.

donner l'intensité nécessaire on aurait besoin de pièces de siège. Il en avisait le ministre de la Guerre, le général de Roon, mais il ne se doutait pas alors que le bombardement projeté ne commencerait guère avant trois mois et après des difficultés qu'il sera très curieux de relater ici.

Sur ces entrefaites, le sieur Regnier, dont on connaît les aventures, était venu à l'état-major allemand à Corny, envoyé par Bazaine pour travailler à la conclusion de la paix. Ce triste personnage demandait aux Prussiens de laisser l'armée de Metz sortir librement « dans un but impérialiste ». Moltke répondit de Ferrières, le 27 septembre, par cette dépêche : « A mon avis, ce n'est que par une capitulation ou bien par une paix conclue avec un gouvernement auquel on puisse se fier que l'armée du maréchal Bazaine pourra sortir de sa situation actuelle. Dans ce dernier cas, Metz devrait nous être livré et il y aurait à examiner, en outre, dans quelles limites les troupes françaises pourraient emmener leur matériel avec elles. Dans tous les cas, les opérations de notre armée de Metz nous coûtent trop cher pour ne conduire qu'à un résultat qui, au point de vue militaire, serait en définitive négatif. »

Pour tromper ses troupes, décidées pourtant à une résistance et même à une offensive des plus énergiques, Bazaine livra le combat de Bellevue que Moltke appela « la dernière tentative d'un adversaire enfermé depuis huit semaines déjà. L'histoire militaire, écrivait-il à Stiehle, reconnaîtra la prudence et la persévérance avec lesquelles notre prince (Frédéric-Charles) aura su dompter le tigre qu'il tient en cage. » Le maréchal s'occupait ensuite de Bourbaki que Bazaine avait pu, avec l'autorisation du grand quartier général allemand, envoyer à Londres auprès de l'impératrice Eugénie. Il informait Stiehle que le roi, sur sa demande réitérée, avait ordonné que, dès sa rentrée de Londres, Bourbaki fût immédiatement libre de revenir à Metz. Il ajoutait : « On ne peut méconnaître que la présence à Metz d'un homme énergique comme ce général et ayant une telle situation ne puisse être désavantageuse ; mais l'homme le plus brave lui-même ne peut rien contre la force des événements. Si, comme on ne peut guère en douter, on arrive bientôt à une capitulation, il est plus avantageux d'y voir comprendre un général de cette valeur, plutôt que de lui donner la liberté de déployer son activité dans le sud de la France. Les nouvelles qu'il peut apporter dans la place, la chute de Toul et de Strasbourg, l'investissement complet de Paris, le refus absolu d'intervention de la part des cabinets étrangers ne sont guère de nature à encourager une plus longue résistance. » Mais, d'une part, le maréchal Bazaine, qui s'était habilement débarrassé du seul général qui pût contrarier son action dissolvante, ne tenait pas à le revoir, et, d'autre part, le général Bourbaki avait cru devoir loyalement, à son retour de Londres, voir le chef de la Délégation de Tours et accepter de lui l'organisation et le commandement de l'armée du Nord, pensant ainsi être plus utile à son pays.

La nécessité d'une prompte capitulation de Metz préoccupait de plus en plus le haut commandement prussien. Le maréchal de Moltke écrivait le 20 octobre : « Depuis Sedan, nous estimons que c'est à Metz qu'il faut chercher le résultat décisif de toute la campagne. » Et que l'on médite l'aveu qui va suivre : « Une trouée heureuse de Bazaine aurait des conséquences beaucoup plus étendues qu'une rupture partielle de notre ligne de blocus! » Ainsi se trouve confirmé ce que pensaient tous les hommes du métier qui attribuaient à un effort héroïque de l'armée de Metz, effort dont elle eût été capable avec un autre chef, la plus haute, la plus décisive portée. Cela eût été d'autant plus facile alors que l'unique armée de réserve, le Ier corps bavarois, était envoyée contre l'armée de la Loire ; que le corps de Werder, libre depuis la chute de Strasbourg, était employé contre l'armée de Lyon ; que les autres fractions disponibles s'apprêtaient à détruire la résistance qui s'organisait à Amiens et à Rouen, et qu'en réalité l'armée qui bloquait Paris redoutait toujours une sortie considérable. Le maréchal de Moltke ajoutait : « Aussi serons-nous bientôt forcés de tourner les yeux vers nos forces de la Moselle et désirons-nous bien vivement voir se dénouer promptement la crise bientôt inévitable à Metz. » Il cessait de montrer l'arrogance qui l'avait porté à écrire à son frère Adolphe qu'il nourrissait en secret l'espoir de tirer des lièvres à Creissau vers la fin d'octobre.

Mais le triste chef, qui ne tenait aucun compte du désir

ardent exprimé par ses soldats de sortir à tout prix de la ville où il les avait enfermés, se chargea de calmer les inquiétudes des Prussiens et de leur offrir un triomphe facile. Il allait leur livrer une place jusque-là inviolée, l'armement complet de toutes les troupes et de tous les forts et jusqu'aux drapeaux eux-mêmes dont l'ennemi n'avait pu prendre un seul dans aucun combat, tandis que le drapeau du 16e régiment d'infanterie allemande, pris par un officier du 57e français, orna jusqu'au dernier jour le fort de Saint-Quentin. Il allait même refuser les honneurs militaires concédés si légitimement à la vaillance de ces braves qui à Borny, à Rezonville, à Saint-Privat, eussent triomphé sans son inertie, sans ses ignobles calculs.

Et pourtant il avait dit lui-même, le 22 septembre, au noble évêque de Metz, Mgr Dupont des Loges : « *Sans doute l'armée peut quitter Metz et je sortirai quand je voudrai et par où je voudrai.* Là n'est pas la difficulté. Il suffit pour cela que je me résigne à faire casser la tête à sept ou huit mille hommes (1). » Mais ces hommes-là ne demandaient pas autre chose que de courir à la mort pour le salut de la France, pour faire franchir à leurs camarades les lignes allemandes et seconder les efforts de la Défense nationale. Bazaine ne les a pas écoutés, voulant réserver toutes ses forces pour jouer tôt ou tard un rôle prépondérant dans les affaires politiques de son pays.

Le malheureux avait cru un instant que le comte de Bismarck l'aiderait à faire triompher, avec une armée encore puissante, la cause de l'Empereur, et il en recevait tout à coup une lettre qui lui révélait l'abîme où on l'avait attiré : « Je dois vous faire observer, lui écrivait Bismarck de Versailles, le 24 octobre, que, depuis mon entrevue avec le général Boyer, aucune des garanties que je lui avais désignées comme indispensables, avant d'entrer en négociations avec la Régence impériale, n'a été réalisée et que, l'avenir de la cause de l'empereur n'étant nullement assuré par l'attitude de la nation et de l'armée française, il est impossible au roi de se prêter à des négociations dont Sa Majesté seule aurait à faire accepter les

(1) *Vie de Mgr Dupont des Loges*, par M. l'abbé KLEIN.

résultats à la nation française. Les propositions qui nous arrivent de Londres sont, dans la situation actuelle, absolument inacceptables, et je constate, à mon grand regret, que je n'entrevois plus aucune chance d'arriver à ce résultat par des négociations politiques (1). » Et le maréchal de Moltke, mettant les points sur les *i*, écrivait à de Stiehle : « Il est superflu d'indiquer que la place et tout son matériel doivent être compris dans la capitulation. Les conditions seront calquées sur celles de Sedan. La chute de Metz, qui est attendue sous peu de jours, va permettre d'utiliser en rase campagne les troupes actuellement sous cette place. » Les unes devaient marcher contre l'armée de la Loire, les autres investir Schlestadt, Neufbrisach et Belfort, couvrir l'Alsace et le flanc gauche de l'armée de Frédéric-Charles contre les entreprises des Français. Enfin éclate le cri de triomphe... Le 1er novembre, de Moltke félicite Stiehle du grand succès « qui a couronné l'inébranlable ténacité, la continuelle vigilance, les habiles dispositions et la valeureuse résistance de l'armée d'investissement de Metz. Aujourd'hui, dit-il avec une assurance orgueilleuse qui devait s'atténuer un mois après, nous possédons largement tous les moyens d'infliger à la France les plus profondes blessures, si elle s'obstine à une résistance sans espoir. » Le succès relativement facile remporté à Kœniggrætz et la soumission rapide de l'Autriche après cette victoire l'avaient grisé. Le chef du grand État-major allemand croyait, en effet, qu'après Sedan, Strasbourg et Metz, la France implorerait la paix. Il se trompait fort.

« Combien s'est aggravée, ajoutait-il, la situation de ce malheureux pays, depuis qu'un gouvernement de parti a refusé les conditions qui lui ont été offertes à Ferrières, il y a un mois! Encore aujourd'hui, nous exigeons les mêmes conditions, en augmentant toutefois le chiffre de l'indemnité, mais nous les demandons sous les murs de Paris, quand l'ennemi a perdu sa dernière armée, quand les places de Strasbourg, Metz, Soissons, Toul et Schlestadt sont tombées, et lorsque nombre d'autres places sont bloquées. » Ici venait une restriction.

(1) *Politische Briefe*, chez STEINNITZ, 1893, 4e vol.

« Seulement, pour que nous puissions mettre en œuvre tous les moyens dont nous disposons, il nous faut du temps et, pendant quinze jours ou trois semaines, nous ne serons pas sans préoccupations... Le seul danger sérieux pour nous serait d'être attaqués sur nos derrières. » Aussi Moltke, qui déclare avoir détaché de fortes fractions de la ligne d'investissement si faible pourtant, sollicite-t-il un remplacement aussi rapide que possible et presse-t-il l'arrivée des têtes de colonne de la IIe armée. Le rejet de l'armistice l'étonne. Il ne comprend pas que la chute de Metz n'ait pas forcé le gouvernement français « à tenir un compte exact de la situation ». Il ne comprend pas que la capitale soit venue à bout de l'insurrection du 31 octobre, certainement appuyée par les agents prussiens, et où aurait dû sombrer la Défense nationale. En attendant, lui et l'armée allemande se réjouissaient d'une capitulation si désirée et de la capture de tant d'hommes, de tant de canons et de tant de drapeaux.

Il y a un an, j'entrais dans la *Garnisonskirche* à Postdam. C'est une église banale avec un haut clocher à carillon, à l'extrémité d'une place carrée bordée de tilleuls. L'intérieur a la forme d'un grand parallélogramme à murs blancs ornés de filets d'or et avec des bancs de bois jaunâtres. A gauche, apparaît la chaire d'un style rococo. Sous la chaire se trouve un petit caveau fermé par une grille. Pour quelques pfennigs une femme ouvre cette grille, allume trois bougies d'un candélabre et montre aux visiteurs deux tombeaux très simples en cuivre qui reposent sans le moindre ornement sur le sol. Ils sont placés à un mètre l'un de l'autre. Le premier est celui de Frédéric-Guillaume Ier, qui fit bâtir cette église. Le second est celui de Frédéric le Grand, rapproché par la mort de ce père dont il eut tant à souffrir. Je restai là quelque temps silencieux, me rappelant que Napoléon était venu dans ce même caveau après Iéna, avait fait ouvrir le cercueil, contemplé un instant les restes du héros et saisi son épée qui fut transportée aux Invalides.

Sans écouter le verbiage et les explications de la gardienne, je me disposais à quitter l'église, lorsqu'en me retournant je vis un spectacle qui me donna un grand coup en plein cœur. En face de moi sur le mur blanc, encadrant la tribune impériale, étaient disposés en quatre trophées nos drapeaux de Metz, ces drapeaux que Bazaine livra aux Prussiens après avoir juré aux colonels des différents régiments que ces emblèmes sacrés seraient brûlés à l'arsenal. Oui, nos glorieux drapeaux de Forbach, de Frœschwiller, de Borny, de Gravelotte, troués par les balles, déchiquetés, morcelés, n'ayant plus qu'une ou deux couleurs noircies, pendaient là tristement et semblaient me dire : « On ne nous a pas pris sur les champs de bataille où ceux qui nous portaient nous ont confiés, avant de mourir, à d'autres braves qui, eux aussi, ont versé leur sang pour nous défendre; on nous a livrés en secret dans l'ombre par une trahison suprême et nous voici prisonniers dans ce temple étranger. Chaque dimanche, nous entendons s'élever autour de nous les hymnes de Luther et le pasteur nous montre aux soldats comme les monuments de la victoire de leurs camarades. Hélas! quand viendra-t-on nous délivrer? » En face d'eux les drapeaux danois pris à Düppel et les drapeaux autrichiens pris à Sadowa, les regardent étonnés. En effet, il eût été plus glorieux pour les Prussiens d'avoir arraché ces étendards à nos soldats dans le feu des batailles, mais ils ne les ont eus — il convient de le répéter — qu'au prix d'un odieux marché. « Un mot suffisait, a dit le général de Rivière, et les drapeaux de l'armée française ne seraient pas à Berlin. Ce mot, le maréchal Bazaine ne l'a pas prononcé. Aussi, l'instruction n'hésite pas à déclarer dans ces circonstances douloureuses que le maréchal Bazaine a manqué à son devoir et à l'honneur! »

Le désastre de Metz n'arrêta pas la résistance du pays. Elle fut telle que le maréchal de Moltke écrivait, quinze jours après, au major de Stiehle : « Il faut rendre justice aux puissantes ressources de ce pays et au patriotisme des Français ; après avoir vu emmener en captivité toute l'armée française, la France a pu mettre en campagne, dans ce temps bien court, une nouvelle armée qui mérite toute attention. » Il s'agissait de l'armée de la Loire qui, quelques jours auparavant, avait donné la preuve de son énergie en chassant de Coulmiers le général Von der Tann. Si nous avions eu là une cavalerie puissante, le corps de Von der Tann eût subi une défaite irrémédiable. L'offensive hardie des Français inquiétait à tel point le maréchal de Moltke qu'il s'apprêtait à lever le blocus de Paris pendant huit jours, mais il redouta la perte du matériel de siège et l'effet de cette retraite au point de vue politique. La résistance opiniâtre de la capitale, qui l'amenait à de telles combinaisons, montre ce que Metz aurait pu tenter avec un chef décidé à tout. Elle montre aussi ce qu'aurait pu faire Strasbourg armé de fortes pièces de marine et largement approvisionné.

L'Impératrice cherchait à réparer, dans la mesure où elle le pouvait, les fautes inouïes du gouvernement impérial et je trouve dans une lettre d'elle à la comtesse Walewska, datée du 7 novembre 1870, ces lignes significatives et peu connues : « On dit que les négociations, entamées à Versailles entre Bismarck et Thiers, sont rompues. J'avoue que je le regrette vivement, quoique pour nous la réunion d'une Assemblée ne puisse être que la ruine de nos espérances, car elle voterait certainement, dans les circonstances actuelles, la déchéance. » Ainsi l'Impératrice prévoyait déjà le vote du 1er mars 1871. Mais elle ajoutait aussitôt : « Le désir de voir le pays faire la paix qui lui est indispensable, même au point de vue de l'avenir, domine tout chez moi. » Elle invitait enfin la comtesse Walewska, dans sa correspondance avec l'empereur prisonnier à Wilhemshœhe, à tâcher de lui faire comprendre « combien il serait habile à l'Allemagne de ne pas insister sur la cession du territoire ». Rien n'y fit. La Prusse était trop enivrée par ses succès pour lâcher la proie qu'elle convoitait bien avant la guerre. Mais elle ne s'attendait pas à ce qu'elle lui fût disputée avec un tel acharnement.

Cela est si vrai que le maréchal de Moltke avait écrit le 9 octobre au général major de Stiehle : « Tout le monde plus ou moins sent que, de fait, la campagne touche à sa fin et chacun désire même éviter les plus faibles pertes. D'ailleurs, il est vrai que rien n'ennuie tant les Parisiens que de voir que nous n'attaquons pas leurs forts. — Nous avons cru voir paraître Arminius, et nous ne voyons que Schinderhannes, dit Victor Hugo. — D'autre part, non seulement nos avant-postes, mais même des batteries toutes attelées et prêtes au combat restent toute la journée dans la zone des feux des forts.

Ceux-ci font pleuvoir à distance complètement connue, et avec la plus grande précision, leurs projectiles géants, même sur des isolés, lorsque ceux-ci se montrent. Tous les jours le feu du chassepot nous fait perdre du monde. » Le chef du grand État-major allemand était plus prudent qu'on ne le croit. « Les Parisiens, écrivait-il le 29 octobre, peuvent étouffer dans leurs barricades, leurs mines, leur pétrole et leurs torpilles ; nous ne voulons pas y aller ; il faut qu'ils viennent à nous. La prise d'une couple de forts nous fournirait cependant, si ce bombardement est possible, un puissant moyen de coercition. » Mais cela n'était guère facile. « Nos observatoires sont partout dans la zone d'action des forts. L'artillerie de marine tire à très grande distance (le mont Valérien au-delà de 8,000 pas). Le tir est juste et le feu fréquent. C'est assurément un gaspillage insensé de munitions ; cependant chaque jour il nous coûte quelques hommes. Nous ne répondons pas du tout... » Dans une lettre à son frère Adolphe il constatait que chaque coup français revenait à 43 thalers et il regrettait cette dépense énorme de munitions.

Le maréchal de Moltke s'étonna plus tard que Paris eût repoussé l'amnistie. Or, sait-on quelle était l'une des conditions? L'évacuation des forts du Mont-Valérien, d'Issy, de Vanves, de Montrouge et de Bicêtre. « Nous devrons, avait-il dit à M. de Bismarck, maintenir absolument cette condition pour tous ces ouvrages, parce que ce n'est qu'en les occupant tous que nous serons assez forts pour dominer, en cas de reprise des hostilités, la grosse artillerie de l'enceinte principale et des forts voisins. » Comment Paris eût-il pu accepter une condition qui montrait bien de quelle efficacité était sa défense et qui, à la reprise des hostilités, l'aurait mis à la merci de l'ennemi? « Si les Prussiens veulent absolument nos forts, avait dit un brave amiral, qu'ils viennent les prendre! » Ils n'en ont pas pris un seul.

A la date du 27 novembre, Moltke constatait qu'un danger assez grave menaçait les communications allemandes dans la direction du sud où le général Werder n'avait pas les moyens de couvrir suffisamment toute la ligne qui s'étendait de Châtillon à Montbéliard. Que serait-il arrivé là encore, si Garibaldi et ses troupes, fidèles à la mission qui leur avait été imposée, avaient harcelé l'ennemi par une sorte de guérilla, au milieu d'un pays accidenté et par les intempéries et le froid que l'on sait? Les Prussiens auraient été certainement obligés, pour venir en aide à Werder et à Manteuffel, de diminuer les lignes d'investissement de Paris et de s'exposer plus facilement au déblocus. « Voilà soixante-dix jours, écrivait Moltke à Stiehle (comme naguère Metz), que Paris est investi. » Mais la résistance allait durer davantage et pousser la surprise de l'ennemi jusqu'à l'exaspération. Malgré les affirmations réitérées des espions, la situation de la capitale n'était pas désespérée, et deux longs mois allaient mettre encore la patience des Prussiens à l'épreuve. Moltke n'était point rassuré. « Si vous perdez la bataille, mandait-il à Stiehle qui allait combattre dans le sud de la France, mon projet serait de lever le blocus de Paris sans tenir compte de la perte de l'équipage de siège. Aussitôt que notre supériorité décisive nous aurait rendu la victoire, retour sur Paris qui, en raison même de l'interruption des lignes ferrées, n'aurait pu être ravitaillé et dont la chute nous rendrait nos canons. D'ailleurs, malgré les belles paroles du gouvernement, il est possible que Paris capitule sous peu de jours... » Ces dépêches, jusqu'à ce jour inédites, prouvent de quelle importance a été la résistance de Paris, quel honneur lui en revient, et combien il aurait suffi d'un succès important de l'armée de la Loire ou de l'armée de l'Est pour changer, même à la fin de novembre, la face de la guerre.

La grande sortie du 1er décembre inquiéta vivement le chef du grand État-major allemand. Le prince royal de Saxe l'avait avisé que les 4e et 24e divisions et les Wurtembergeois étaient très réduits et très fatigués. Le roi lui-même commençait à perdre confiance, et le 4 décembre le maréchal écrivait : « Si l'ennemi réussit aujourd'hui à percer à Villiers, il faut lever le siège au nord de Paris jusqu'à ce que l'investissement puisse être repris par la première armée venant de Rouen. » Malheureusement, les efforts des troupes parisiennes, malgré leur bravoure et leur élan, ne purent rompre le cercle d'investissement. Mais on voit ce qui serait arrivé si, cédant aux conseils si sages du général Trochu, le gouvernement impérial avait laissé revenir l'armée de Mac-Mahon de Châlons à Paris, au lieu de la lancer sur Sedan pour donner la main à Bazaine qui avait l'intention arrêtée de ne point sortir de Metz. Cette armée, où se trouvaient nombre de vieux soldats, eût encadré la jeune armée de Paris et eût certainement rompu le blocus. Ce sont là des faits évidents et qu'il ne faut pas oublier.

La crainte d'une résistance acharnée de la capitale était telle chez le maréchal de Moltke, quoiqu'il affectât de la railler dans ses lettres intimes, que, le 5 décembre, il informait le général Trochu de la reprise d'Orléans par les troupes allemandes et lui offrait un sauf-conduit pour un de ses officiers qui serait chargé de s'en assurer. Il avait employé le même moyen auprès de Bazaine après la chute de Strasbourg. Ici ses offres furent dédaigneusement repoussées. Le chef du grand État-major invitait alors Stiehle à poursuivre sans répit l'armée de la Loire, car il était essentiel que, lors des négociations définitives pour la paix, « la France ne pût se prévaloir d'une armée de plus de cent mille hommes tenant encore la campagne... On ne peut dédaigner la signification importante de la levée en masse de toute une nation comme la nation française... Si on laisse ces rassemblements se consolider, ils ne tarderont pas à devenir encore des adversaires dangereux. »

Vient alors la question de bombardement de Paris, question très importante, comme on va le voir, et qu'il faut, dans l'intérêt de l'histoire, essayer d'élucider complètement. On y trouvera l'explication du grave différend qui naquit, à ce sujet, entre le comte de Moltke et le comte de Bismarck. Ici je m'appuierai sur les documents authentiques fournis par la Correspondance militaire de M. de Moltke (1) et sur une brochure du général de Blume qui a fait grand bruit en Allemagne (2).

On sait qu'après la bataille de Kœniggrætz ou Sadowa, le maréchal de Moltke était d'avis de marcher sur les lignes de Florisdorf et de poursuivre les succès obtenus. Bismarck lui tint tête, non seulement à lui, mais au Roi, comme on peut

(1) Pages 531 à 536, 570 à 575.

(2) *Pourquoi le bombardement de Paris a été retardé?*

s'en convaincre par la lecture des *Pensées et Souvenirs* (1). Il s'attira le ressentiment du chef du grand État-major et de nombreux généraux, ainsi que le raconte Moritz Busch. Pour éviter de nouveau des débats et des différends très vifs, Moltke et ses officiers prirent toutes les précautions nécessaires. Le général de Stosch en avertit ainsi le comte de Roon à la date du 31 juillet 1870 : « Cette fois, tout a été prévu de façon à empêcher le retour de pareilles choses. » Qu'advint-il alors ? C'est que Bismarck fut relégué au deuxième échelon du grand quartier général et écarté des délibérations militaires. On lui fit même subir certaines vexations pour son installation et pour son approvisionnement. On obligea son cuisinier à endosser la tenue de soldat du train et à conduire un des fourgons des Affaires étrangères. « Les demi-dieux » ou officiers supérieurs du grand État-major avaient manifesté à son égard, dès le début de la guerre, les dispositions les plus malveillantes. En partant pour Cologne, il entendit, par l'ouverture de la cloison intermédiaire du wagon où il se trouvait, le général de Podbielski dire au général de Roon, en faisant allusion à la participation de Bismarck aux délibérations militaires de la campagne de Bohême : « Cette fois-ci donc on a pris soin que pareille chose ne nous arrivât plus. » Podbielski disait ce que Stosch répéta quinze jours après. Et cela eut lieu ainsi. En effet, non seulement on écarta Bismarck des conseils de guerre, mais on observa à son égard le secret le plus rigoureux sur toutes les mesures militaires.

La théorie du grand État-major était que « le ministre des Affaires étrangères ne reprend la parole que lorsque la direction de l'armée juge le moment venu de fermer le temple de Janus ». Le chancelier en était réduit à se renseigner auprès de quelques hauts personnages inoccupés et du correspondant anglais Russell, qui étaient mieux informés que lui de ce que les chefs projetaient.

Bismarck en conçut naturellement la plus mauvaise humeur, et, pour se venger, se plaignit à tout instant du retard ou

(1) Tome II, chap. II, et mon livre sur *Bismarck* (*Collection des Ministres et Hommes d'État*).

du décousu des opérations. Il avait pour seul appui dans le conseil de *guerre Roon, qui ne cessait de réclamer toutes les* mesures propres à terminer promptement la guerre, si l'on désirait empêcher l'intervention des neutres en un Congrès. Certaines feuilles allemandes voulaient rendre Bismarck responsable du retard du bombardement. « C'est absurde ! disait-il à ce propos. On finira par me rendre responsable des pertes que nous avons subies pendant le siège. Il est vrai que ces pertes sont considérables, mais je n'y puis rien. *J'ai demandé dès la première heure que la capitale fût détruite de fond en comble,* ou bien qu'on la laissât de côté et que l'on continuât notre marche en avant. Seulement, l'autorité militaire est toujours là à tergiverser. Je passe mon temps à dissiper ses scrupules, et elle passe le sien à faire des préparatifs et à réclamer des renforts de munitions. » *Il* s'en était ouvert à de Moltke devant Roon, et la scène qui eut lieu vaut la peine d'être reproduite. « Roon resta *silencieux*, puis acquiesça à ce que je dis. De Moltke, dont le profil ressemble chaque jour de plus en *plus à celui d'un oiseau de proie, avait* l'air aussi de me suivre. Mais lorsque j'eus fini, il se mit à me parler de choses tout à fait différentes, et je vis qu'il n'avait pas écouté le premier mot de ce que je disais, et qu'il avait continué à suivre le fil de ses idées sans se soucier des miennes... »

Le prince héritier ne l'écoutait pas davantage. Un jour que Bismarck commençait à lui parler de bombardement, le Kronprinz l'arrêta et lui dit : « Je préférerais abandonner mon commandement. » Et Bismarck fit aussitôt cette réflexion : « J'avais sur la langue de lui répondre : Votre Altesse, je suis prêt à le prendre... Et en effet, ajoutait-il, que l'on me confie seulement pendant vingt-quatre heures le commandement de l'armée, je me charge de tout. Je ne donnerai qu'un seul ordre et ce sera : « Commencez le bombardement ! » Sa raison d'agir brusquement et violemment était que le siège ne faisait pas de progrès par l'investissement ; *que l'on perdait environ 2,000 hommes* par mois devant Paris et que des jalousies latentes ou des *sympathies indécises pouvaient* bien amener quelque puissance à se prêter à une intervention diplomatique et à y entraîner les autres. Il le reconnaissait aussi, et c'est la condamnation de l'inaction stupide de l'Europe : « Il eût suffi de la moindre impulsion qu'un cabinet eût donnée à l'autre. Des questions au sujet de l'avenir de l'équilibre européen ou bien l'hypocrisie philanthropique qui préservait la forteresse de Paris d'un siège sérieux, lui eussent fourni le motif voulu pour son initiative (1). » Donc, il importait d'en finir. A la lutte séculaire que se livraient les deux peuples voisins, il fallait absolument un dénouement capital pour l'histoire du monde. « Nous nous exposions, dit Bismarck qui va, cette fois, accuser la reine Augusta et la princesse Victoria, sa fille, à avoir ce dénouement faussé par des influences personnelles et surtout féminines sans autorité historique, par des influences qui tiraient leur force non de considérations politiques, mais de l'influence sentimentale qu'ont toujours exercée sur les âmes allemandes les grands mots d'humanité et de civilisation importés chez nous d'Angleterre... A Londres, on pensait que la capitulation de Paris devait être amenée non par le feu des canons, mais par la famine, et de Londres cette idée avait pénétré dans notre Cour... Des renseignements confidentiels de Berlin me permettaient de me rendre compte que, dans les milieux compétents, l'arrêt de notre action provoquait des mécontentements et des craintes, et qu'on croyait que la reine Augusta exerçait son influence sur son mari dans le sens de l'humanité. Une allusion que je fis devant le roi à des renseignements de ce genre provoqua chez lui une violente explosion de colère, non pas qu'il considérât ces bruits comme faux, mais il menaça de sévir contre tous ceux qui manifesteraient de pareils sentiments à l'égard de la reine. » Bismarck n'accusait pas seulement la reine Augusta, mais encore la princesse royale, la femme de Moltke, la femme du chef d'État-major de Blumenthal, et la femme de l'officier d'État-major de Gottberg, « qui toutes étaient des Anglaises sentimentales » !

Il finit cependant par amener le roi à écrire, le 28 novembre, à de Moltke une note qui froissa singulièrement le chef du

(1) Moltke, lui aussi, redoutait cette intervention. Ainsi, il écrivait à son frère, à propos du gouvernement autrichien : « Le comte de Beust n'a pas été corrigé par les défaites qu'il a subies jusqu'à ce jour. Qu'il prenne garde ! Nous sommes parfaitement en état de lui montrer les dents. Mais il y regardera à deux fois. »

grand État-major. Guillaume déclarait, après avoir conversé avec les généraux de Hindersin et de Kleist, s'étonner d'apprendre que l'attaque des forts du front sud de Paris ne pouvait commencer qu'à la fin de décembre. Il convient de citer les arguments de cette note : « Au point de vue militaire, voilà deux mois et demi, disait-elle, que nous restons inactifs devant Paris. Cela est triste, après nos rapides et éclatants succès de l'automne ; pour les profanes, c'est incompréhensible. Aussi, en Allemagne, l'opinion devient-elle clairement défavorable... Comme on le voit chaque jour, cette inaction a donné à l'ennemi le temps de consolider ses nouvelles formations et de les renforcer.

« Au point de vue politique, cette inaction n'est pas en notre faveur. On peut croire que nous manquons de forces et de moyens, de telle sorte que les neutres, surtout en raison du développement de la question d'Orient, songeront facilement à voir la guerre se terminer plus rapidement, et qu'ils remettront au premier plan leur intervention au sujet de la paix, intervention qu'on a réussi à écarter jusqu'ici. » Ces arguments sont reproduits presque textuellement dans les *Pensées et Souvenirs* de Bismarck, ce qui prouve bien que le chancelier avait inspiré la note écrite par Guillaume Ier. Le roi de Prusse ordonnait donc de presser l'attaque des forts du sud et demandait qu'on lui indiquât les moyens les plus énergiques pour réunir les munitions, pour entreprendre aussi l'attaque des forts du nord et achever au plus tôt les travaux de mise en batterie de pièces de siège.

Deux jours après, le comte de Moltke répondait par un memorandum, dont les premières notes étaient une réplique directe à ce qu'il considérait comme une ingérence occulte et intolérable de M. de Bismarck.

« La date à laquelle l'attaque de Paris par l'artillerie doit ou peut commencer ne peut être décidée qu'en se basant sur des considérations militaires. Il serait inadmissible que la politique réclamât le commencement du bombardement avant que les moyens nécessaires n'eussent été réunis. » Le chef du grand État-major signalait la difficulté de réunir rapidement de lourdes munitions qui, à elles seules, pesaient de 50 à 60,000 quintaux, puis le manque de chevaux et de trains multipliés. Il fallait encore un mois pour agir. Mais il ajoutait : « Ce bombardement n'est, en somme, qu'un moyen extrême à employer pour réduire la résistance. Et il faut toujours considérer un investissement étroit et la menace de la famine, comme le moyen assurément lent, mais puissant, et certain d'atteindre le but. Aussi bien, ce n'est pas ici que se décidera le sort de la guerre ; c'est sur les champs de bataille où nous battrons les armées d'opération de l'ennemi qui tiennent encore la campagne. Il ne semble donc pas qu'on puisse recommander de préparer, en outre du bombardement des forts, une attaque de siège régulière qui coûterait beaucoup de monde. »

De son côté, le général de Blumenthal avait écrit au comte de Moltke que le comte de Bismarck, après un dîner chez le Roi, le 21 novembre, lui avait dit que la situation politique et l'opinion allemande exigeaient le commencement immédiat du bombardement : « J'ai senti alors s'élever en moi, avouait le général, la crainte qu'une voix aussi autorisée pût obtenir l'exécution d'une mesure que, d'après mes propres expériences d'autrefois, je juge absolument fausse. » Le général donnait comme raisons l'impossibilité de poursuivre les avantages acquis, le prétexte fourni à l'ennemi de concentrer toutes ses forces pour la défense, le moyen de surexciter un nouvel enthousiasme à Paris et de triompher de l'impuissance des Allemands devant des forts inexpugnables. « Pouvons-nous risquer, devons-nous souffrir, après tant de succès sans exemple, un tel échec moral, et cela seulement parce que des voix ignorantes des choses militaires, parce que des gens assis autour d'un tapis vert viendraient nous y forcer?... Si l'on croit par le bombardement effrayer le public de Paris et contraindre la forteresse à se rendre, on se laisse aller à une illusion absolument gratuite. » Mais à quelle conclusion aboutissait Blumenthal? A celle-ci. Il était indubitable qu'à la fin de l'année au plus tard, Paris tomberait par la famine. Mais si ce fait ne se réalisait pas, il fallait se préparer à une attaque régulière qui aurait lieu suivant toutes les règles de l'art et avec le moins de sacrifices possibles. Blumenthal avait vu bombarder Frédéricia en 1849 et Düppel en 1864 sans apercevoir le moindre avantage pour le but final, jusqu'au moment où l'on put entamer le siège en règle. Toul, Phalsbourg, Bitche, Belfort n'étaient-ils pas bombardés sans résultat définitif?... Le maréchal de Moltke déclara de vive voix qu'il partageait la manière de voir d'un officier plus compétent que les autres.

Mais M. de Bismarck ne se découragea pas et continua à exercer, au sujet du bombardement, une pression active sur le roi et sur le ministre de la Guerre. Il fallait des attelages considérables pour amener les munitions nécessaires et dépenser plusieurs millions. Le chancelier se déclara prêt à prendre sur la Caisse fédérale la somme nécessaire et Roon se procura les 4,000 chevaux dont il avait besoin. Il avertit, le 11 décembre, le chef du grand État-major que le parc de siège était rassemblé et les munitions prêtes à être utilisées. Moltke lui répondit que l'attaque projetée était absolument inexécutable et sans but. Alors Roon lui écrivit une lettre péremptoire où il le somma d'expliquer comment, après lui avoir donné l'ordre d'amener les pièces de siège à proximité de la capitale, il déconseillait d'utiliser « les moyens grandioses mis à sa disposition ».

Moltke lui répondit le lendemain, dans une lettre très sèche, que le bombardement avait toujours *été considéré* comme un moyen extrême et qu'il trouvait inopportun de le commencer dès maintenant. Rien que pour l'attaque des forts du Sud, les autorités techniques demandaient trois divisions d'infanterie. Il fallait, en conséquence, faire venir des renforts et cela dépendait absolument de la tournure que prendraient les autres opérations en cours. D'ailleurs, la quantité de munitions rassemblée n'approchait pas même du nécessaire. Le bombardement ne pourrait donc être efficacement entrepris que lorsque tout serait prêt et lorsque le temps en serait venu.

Le maréchal de Moltke ne dissimulait pas les nouvelles inquiétudes que lui causait la résistance des Français. « Par des opérations couronnées d'un succès sans exemple, écrivait-il, l'armée allemande a pu faire prisonnières toutes les forces que l'ennemi a mises en campagne au commencement de la guerre. La France n'en a pas moins trouvé le moyen de créer, dans ce délai de trois mois à peine, une nouvelle armée encore plus nombreuse que celle qui a été détruite. Malgré les victoires

BIBLIOTHÈQUE NATIONALE R.F. IMPRIMÉS

que nous avons remportées dans ces derniers jours, l'effectif des forces militaires continue à s'élever, et si la valeur intrinsèque de ces formations ne peut égaler celle de nos troupes, on doit prévoir que les ressources, en apparence presque inépuisables, du pays ennemi pourraient mettre en question le résultat rapide et décisif de nos armes si, de notre côté, le pays ne fait pas un effort égal dans une certaine mesure à celui de la France... »

Le 14 décembre, il reconnaît qu'il faut compter encore sur une longue résistance de Paris, et le 15 il mande à Roon qu'il faut avertir l'Allemagne qu'elle a de nouveaux et grands sacrifices à faire. « J'ai la conviction profonde, écrit-il, que si nous ne faisons pas des efforts considérables, l'armée allemande ne pourra que bien difficilement maintenir d'une façon durable la situation que lui ont acquise jusqu'ici des succès sans précédents et en tirer tout le profit nécessaire... » Ce nouvel aveu montre combien la résistance de la France surprenait l'ennemi et quelle force irrésistible aurait eu notre pays si Metz avait tenu autant que Paris.

La puissance des positions françaises dans la boucle de la Seine près de Gennevilliers avait fait renoncer à une attaque du front nord-ouest, mais on pensait à bombarder le mont Avron sur le front est, puis à entreprendre l'attaque des forts de Rosny et de Nogent. Mais même dans le cas où les Allemands pourraient s'emparer de ces positions, l'inspecteur général de l'artillerie de Hindersin avouait que l'occupation de la zone intermédiaire offrait de grandes difficultés en présence de la ténacité du défenseur. Le général proposait, après le mont Avron, de bombarder les forts de Bicêtre, de Montrouge et de Villejuif. Il croyait qu'après la prise de ces forts l'armée allemande occuperait des points qui permettraient de bombarder efficacement la capitale. Le maréchal de Moltke informait le roi, à la date du 22 décembre, qu'il disposait enfin de 235 pièces de siège qui allaient être renforcées par 76 autres et il demandait s'il fallait faire commencer le bombardement des forts d'Ivry et de Vanves à la date du 28. Quelques jours après, le roi fit savoir qu'il voulait qu'on bombardât le mont Avron le plus tôt possible et cette opération commença le 27 au matin, « opération, dit Bismarck, que nous attendions avec une impatience douloureuse et qui fut saluée par des cris de joie ». Le moment psychologique était arrivé. Le mont Avron, quoique bien armé et bien défendu, ne put tenir devant une artillerie supérieure à la sienne et l'évacuation fut décidée. Les canonniers de la marine retirèrent leurs pièces sous un feu terrible sans en perdre une seule, et cela avec un sang-froid admirable.

« Je suis sûr, avait dit Bismarck à Moritz Busch, qu'au bout de cinq ou six jours Paris se rendra. » Or, le bombardement dura du 27 décembre au 25 janvier, et le manque de vivres seul amena la reddition de la ville. « L'attaque sérieuse » qui, suivant les prévisions du chef du grand État-major, aurait dû commencer « du 25 au 30 septembre », n'eut pas lieu. Pas un fort ne fut pris, pas une position enlevée d'assaut. Le 15 janvier, Moltke reconnaissait mélancoliquement « que le bombardement suivait son cours sans incidents. Le feu de l'ennemi, disait-il, n'est soutenu que sur l'enceinte principale, et là surtout on ne peut l'éteindre, car le chemin de fer permet continuellement d'amener de nouvelles pièces qui disposent d'assez d'espace pour changer d'emplacement. Jusqu'à présent, chaque jour, et même la nuit, on lance sur la ville 280 obus. C'est une forte pression, qui s'ajoute à celle de la misère et de la cherté des vivres. Nous n'avons encore aucune indication certaine sur le moment où arrivera la véritable famine, et c'est cependant cela seulement qui réduira notre opiniâtre adversaire. » La famine seule l'emporta, et l'ennemi ne put pas dire que c'était à sa valeur personnelle ou à la force de son armement qu'il devait la capitulation de Paris.

On voit par ces documents authentiques combien fut honorable la défense de la capitale, et ce que Metz aurait pu faire, si cette noble cité, dont on connaît la bravoure, appuyée sur une vaillante armée qui ne demandait qu'à sortir et à livrer des combats incessants, eût été placée sous la direction énergique d'un chef soucieux avant tout des intérêts et de la gloire de la France.

La résistance acharnée de Paris et de la province, au lieu d'inspirer au maréchal de Moltke une réelle admiration, l'irrita au point de l'amener, dans sa correspondance avec son frère, à des appréciations indignes d'un soldat. Ainsi, il blâma « le gouvernement d'avocats qui avait réussi, en terrorisant le pays, à tirer parti de toutes les qualités et de tous les défauts de la nation française, de son patriotisme, de son courage, de sa présomption, de son ignorance... S'il y avait aujourd'hui un million de fusils, écrivait-il le 13 novembre 1870, nous aurions dans quelques jours un million de Français de plus à combattre, car le terrorisme appelle sous les armes tous les hommes qui n'ont pas dépassé l'âge de quarante-six ans et leur fait quitter leurs familles, leur état, leur pays natal. Cette manière de faire la guerre est une cruauté pour le pays, qui mettra bien du temps à se relever. » Cette prédiction était aussi juste que celle qu'il fit le 31 mars 1871. « Ce misérable gouvernement n'a pas de crédit, et personne ne lui avancera la somme qu'il lui faut nous payer pour que nous partions ! » On sait la réponse que fit le pays à de telles insolences et avec quelle rapidité prodigieuse il paya les cinq milliards que la rapacité allemande avait tenu à lui extorquer. Cette puissance financière, qui survivait aux frais énormes d'une guerre de six mois, et ce relèvement inattendu d'une nation que l'on avait espéré anéantir, augmentèrent l'irritation et les rancunes des vainqueurs. Quatre ans après, Bismarck et de Moltke voulurent recommencer, mais cette fois l'Europe intervint. La résistance de Paris et de la province avait porté ses fruits.

Le 9 octobre dernier, le Président de la République française a signé un décret par lequel la ville de Paris est autorisée à placer dans ses armoiries la croix de la Légion d'honneur. Le gouvernement a eu raison de donner à la vaillante capitale de la France le même témoignage de reconnaissance nationale si justement accordé aux villes de Belfort, Saint-Quentin, Châteaudun, Dijon, Lille, Valenciennes et Bazeilles. Sur le vieux blason parisien, où figure le navire équipé d'argent, au chef d'azur semé de fleurs de lis d'or, brillera désormais la glorieuse étoile accentuant encore la fière devise : *Fluctuat nec mergitur.*

BIBLIOTHÈQUE ... IMPRIMÉS

La Chapelle-Montligeon. — Imprimerie de N.-D. de Montligeon.

103

LA "QUINZAINE"

Revue Littéraire, Artistique et Scientifique

PARAIT LE 1er ET LE 16 DE CHAQUE MOIS

PARIS, 45, Rue Vaneau, VIIe

Le 1er novembre 1900, **LA QUINZAINE** est entrée dans sa septième année d'existence.

Dans ce bref espace de temps, elle a pris une place importante au premier rang de la presse périodique, et son succès va s'affermissant tous les jours.

Placée depuis le 1er avril 1896 sous la direction de M. George Fonsegrive, l'auteur bien connu de l'*Essai sur le libre arbitre*, des *Lettres d'un Curé de campagne*, des *Lettres d'un Curé de canton*, du *Journal d'un évêque*, de *Catholicisme et Démocratie*, du *Catholicisme et la Vie de l'esprit*, de la *Crise sociale* et de plusieurs autres ouvrages que le public simplement philosophique et lettré n'apprécie pas moins que le public catholique, **LA QUINZAINE** fait nettement profession de dévouement au catholicisme.

Le patriotisme et l'amour qu'on y professe pour les institutions sociales les plus nouvelles et les plus hardies n'empêchent pas qu'on y admette l'expression documentée de toutes les opinions libres.

LA QUINZAINE est ouverte à toutes les compétences, et se fait gloire de n'appartenir à aucune école fermée, à aucun parti étroit.

Une brillante pléiade de rédacteurs venus de la presse libre, de l'Université, de l'Église, où se rencontrent, à côté de membres illustres de l'Institut et des maîtres les plus respectés, des talents plus jeunes mais non pas moins valeureux, lui ont conquis les faveurs du public.

Le prix de l'abonnement est de :

	Un an	Six mois	Trois mois
Paris, France.	**24** fr.	**14** fr.	**8** fr.
Étranger (Union postale). .	**28** fr.	**16** fr.	**9** fr.

Abonnement spécial pour le Clergé et l'Université :

France, un an	**20** fr.
Étranger, un an	**24** fr.

Ces abonnements ne peuvent être pris pour moins d'un an.

LA QUINZAINE est donc de toutes les grandes revues celle qui est le meilleur marché. Elle donne tous les quinze jours **144** pages de texte grand in-8° qui forment au bout de l'année six beaux volumes de 576 pages.

LA QUINZAINE envoie un spécimen gratuit sur demande affranchie.

LA QUINZAINE accepte l'échange avec les publications qui s'engagent à reproduire ses sommaires.

La Chapelle-Montligeon. — Imprimerie de N.-D. de Montligeon.

www.ingramcontent.com/pod-product-compliance
Ingram Content Group UK Ltd.
Pitfield, Milton Keynes, MK11 3LW, UK
UKHW020450220726
13923UKWH00005B/2458